中山出版
ZHONGSHAN PUBLISHING
香山承文脉 好书读百年

Hello，茂南

朱 琳 梁载桥 文 颜琦建 绘

SPM
南方出版传媒
广东人民出版社
·广州·

图书在版编目（CIP）数据

Hello，茂南 / 朱琳，梁载桥文；颜琦建绘. -- 广州：广东人民出版社，2018.7

（“Hello，茂名”手绘漫画系列）

ISBN 978-7-218-12603-6

Ⅰ. ①H… Ⅱ. ①朱… ②梁… ③颜… Ⅲ. ①区(城市)—概况—茂名—图集 Ⅳ. ①K926.54-64

中国版本图书馆CIP数据核字(2018)第030568号

HELLO,MAO NAN

Hello，茂南　朱　琳　梁载桥　文　颜琦建　绘　

出 版 人：肖风华

责任编辑：李锐锋　戴程志　冼惠仪

策　　划：苏　好

装帧设计：陈宝玉

统　　筹：广东人民出版社中山出版有限公司

执　　行：何腾江　吕斯敏

地　　址：中山市中山五路 1 号中山日报社 8 楼（邮编：528403）

电　　话：（0760）89882926　（0760）89882925

出版发行：广东人民出版社

地　　址：广州市大沙头四马路10号（邮编：510102）

电　　话：（020）83798714（总编室）

传　　真：（020）83780199

网　　址：http://www.gdpph.com

印　　刷：广州市岭美彩印有限公司

开　　本：787mm × 1092mm　1/32

印　　张：3.5　　　字　　数：41千

版　　次：2018年7月第1版　2018年7月第1次印刷

定　　价：29.80元

如发现印装质量问题影响阅读，请与出版社（0760-89882925）联系调换。

售书热线：（0760）88367862　邮购：（0760）89882925

目 录
CONTENTS

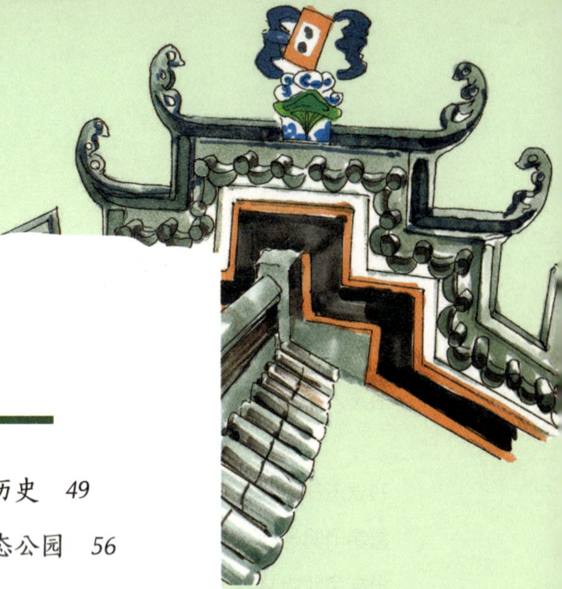

鳌头古镇的前世今生

◎ 鳌头古镇，雄踞南方

刚听到“寻访鳌头古镇足迹”这个活动时，我有点惊讶。

一直以为茂名是一座年轻的城市。茂名拥有油页岩，在难以开采液体原油的年代，茂名因采用油页岩来炼油而发展成为一个城市。对这样一座近代工业铸造出来的城市而言，历史都是崭新的。茂名的鳌头镇，更是微小到抬脚就可以走遍，能有什么古迹可寻呢？

鳌头镇位于袂花江下游，跨过飞马桥头，可以看到一座沿江建起的崭新九曲桥。桥上盖着三个亭子，站在亭子间望江水悠悠流过，与自然对话，咀嚼出一番悠闲的乡村文化味道。

到了鳌头镇，我们先观看了一部关于地名由来的短片，才知道看似平淡无奇的鳌头镇，竟藏有一部厚重的历史。

◎ 鳌头文武帝庙

鳌头古镇，始建于明洪武年间（1368—1398 年）。据文武帝庙清光绪壬午年（1882 年）石碑记载，鳌头属高凉郡，曾管辖现吴川市兰石、浅水、覃巴，化州市长岐，茂港区小良，茂南袂花、镇盛等十三个乡镇，设立衙门官府，衙内官员受朝廷钦任，衙内设有审案公堂。镇内原有一座小城池，有东、南、西、北四个城门，现存重修后的东、南门。城内设有正街、东街和西街三街，街内骑楼依序林立。

城内现保存完好的文武帝庙，始建于明万历二年（1574 年），是省级文物保护单位。鳌头镇市级文物保护单位有古衙门遗址、古井、长山古庙三处，区级文物保护单位有塘扎古民居，还有庵堂观音阁、多善堂、孔子学堂，以及始建于朝康熙年间的泰升当铺等文物古迹一批。

◎ 长山古庙

◎ 绿荫藏古庙

传说明代鳌头百姓一直不肯受制于朝廷，有次皇帝在高凉地区（今粤西一带）遇刺，恰好被鳌头的梁皇大帝以及高山帮主救起。这一系列事情过后，皇帝便意识到鳌头百姓不是不服管理，只是朝政做得不够好。后来，皇帝便将鳌头升格为鳌头郡（相当于今天的特别行政区），并允许鳌头自治。从此，山高皇帝远，独占鳌头一说因之而来。

观看完短片之后，鳌头镇的友人热情地邀请我们一行人参观。一路上，新建的革命史迹展览馆、古庙、古井以及重建的旧市衙映入眼帘。鳌头百姓勇敢坚强，面对外敌压迫和侵略时更是团结。1949 年以前，鳌头就是中国共产党地下活动的主要游击区。如今，战争年代的烽火狼烟已成追忆，先辈们用热血锻造的传奇，铸成不朽的经典。红墙绿瓦的古庙里，雕梁画栋浓彩重墨地展示着先人的智慧，凝聚成历史的精华。我很喜欢这些镌刻历史印记的东西，它们经历了岁月的涤荡，有内涵，有记忆。古庙门前那一棵古老的常青榕，像顽强的鳌头人一样，几百年来用一种

◎ 清洌甘甜的古井

茂盛的姿态，一种坚韧的信念，沉默地记载着鳌头的沧海桑田。在古井前尝一口清洌甘甜的井水，心灵自有一种清透的甘洌。

鳌头河的中心有一个桃花岛，在渡口乘坐用纤绳牵引的渡船，便可以抵达。岛上的小桥、桃树、桃花走廊全是新的。松软的沙地上，用石块连接铺成道路，婉转延伸各个方向。翠绿的竹子一丛丛一簇簇，在长年的江风吹打之下，弯成一个美丽的弧度，形成一片天然的绿荫，在风中弹唱出一首潇洒飘逸的乐章。竹林里放着一张张小小的椅子和桌子，有人打牌，有人小憩。旁边的地上爬满开着白色小花的藤蔓，悠悠坐在其中，感觉时光的流逝会变得很慢很慢。清幽的江水四面环绕，江边整齐地排列着数十顶“个”字形的草棚。爱好垂钓的人可以在这儿临江钓鱼，也可以钓夕阳、钓明月、钓清风。站在婆娑多姿的竹林里按下快门，定格这一段在休闲的桃花岛留下的欢快记忆。

坐上游船，在江中穿行，江面宽阔，袂花江仿若一个好看却不张扬的邻家女子，面容清秀，温柔婉转。远方的水天一色，沐浴着明媚的阳光和清新的空气，构造出一幅朴实单纯的自然景象。游在其中，让人内心安然。远方有鼓声传来，转头一看，是几条龙舟在争渡。鼓声中，端午的气氛也浓烈起来。响亮的鼓声是一种有力的语言，更是一种神圣的寄托，千百年来经久不衰，撑起民族不屈的骨骼与精神。

佛说：一花一世界，一叶一菩提。这里，正是一个小小的天堂。

人杰地灵的山阁禄村

◎ 古朴厚重的车公庙

路过茂名市北郊高水公路，可以看到有一座紧靠公路的村庄，村口的牌坊上有一副对联：禄厚德高人杰地灵兴社稷，村安民富山青水秀美家园。横批：禄村。

禄村人绝大部分姓车。据说他们的先祖车公祖籍江西南昌，少年时就立志报效国家，勤苦习文练武，六韬三略无所不通，武艺特强。后来他屡立战功，被封为御林军大元帅。元军渡江南下灭宋，宋帝避难南迁，车公护送宋帝，且战且走至高州，百战不疲，忠心耿耿，最终以身殉国。当地人敬仰车公忠勇，立庙塑像奉祀。村中“车公庙”香火鼎盛，每年农历三月二十七日的车公诞，举村大宴亲朋，热闹非凡。每逢年例、点灯、车公诞这些重大日子，都会将车公从庙中请出，用轿抬着在全村巡游，以示对祖先的敬畏和尊重。

村中保存有一口古井，建于明正德六年（1511 年），是禄村开村时所挖，为禄村的“镇村之井”。花岗岩井台，八角形井口，山石砌井壁，“金钱石”镇井底。古井一年四季泉涌不息，五百多年从未枯竭。即使是大旱之年，河水干涸了，土地干裂了，井水仍源源不绝。这口大井曾是全村村民唯一的饮用水源，沿用了数百年，养育了数十代禄村儿女。它是禄村车氏族人心中当之无愧的“母亲井”“圣井”。禄村人不论红白喜事，必取此井水使用。2010 年重修古井时，村中诗人车海龄先生作诗云：“泉润村民不计年，安居乐业喜心田。今人饮水须怀远，前辈勋献代代传。”

◎ 巍峨的禄村牌坊

◎ 车公巡游

禄村人自古敬畏先贤，更重视文化。古时村边曾有一座文笔塔，如一支竖起的冲天巨笔，高高地矗立于东南一隅，是当时村中最具诗情画意的人文景点。文笔塔寄托着车氏对子孙后代成才的厚望，也是禄村人文荟萃的缩影。文笔塔是禄村的先祖所建，具体的年代已无法考证。由于年久失修，四十多年前文笔塔已坍塌，只留下一堆残砖断垣，在夕阳荒草中，让后人追思。

禄村村边有广袤平展的田野，有葱绿起伏的山冈。烧酒河与禄村河从东西两侧缓慢地流过，水源充沛，土地肥沃。几百年来，禄村人在这里繁衍生息。禄村从一个人烟稀少的小聚落发展成为有四千多人口的大村子。车氏族人历来勤劳善良，重视农耕，世代耕读传家，英才辈出。从过去的科举举人，到新中国成立前的革命烈士，再到现在的专家学者、成功商人，代代出英才。禄村文明源远流长，禄村村民和先祖一样崇尚

◎ 车公庙展现后人对先祖的怀念与敬畏

诗书，热爱文化。这里爱好琴棋书画和诗词歌赋等传统文化的村民很多，他们经常组织文艺演出，在喜庆日为村民义演。禄村的体育活动也十分活跃，每逢新春都会举行一年一度的篮球比赛。

禄村地下有丰富的矿产资源“高岭土”，俗称“白泥”，有“挖地三尺出白泥”之说。但禄村人并没有过分开采，生态环境保持得非常好。盛夏时节，可以看到村道两旁全是婆娑的果树，有荔枝、龙眼等。村民种稻种菜种果，日子过得富足。“仓廪实而知礼节”，禄村人富而不骄，贵而不舒，识大体，顾大局，敬老爱幼，热情好礼。富裕的村贤还捐资修环村路。原来村中没有广场，村民自愿捐献出土地，建设了一个文化广场。

禄村村民身体健康，长寿者众多。从 2011 年起，每到重阳节，禄村人都会举办非常隆重的“千叟宴”，让车氏族人六十岁以上的长者欢聚一堂。“千叟宴”不仅仅是一场美食筵席，还是一场文化盛宴、慈善大会。活动当天，禄村邀请茂名著名诗人、书法家、曲艺演员，为长者作诗、题字、献艺。科普大篷车也开进村里，为村民普及科学知识。义诊、免费照相等义工服务，也经常在禄村开展，令老人们乐在其中、喜上眉梢。如果遇到因贫困而无钱医治的宗亲，村民们还会帮他们组织捐款。

为传承先祖的优秀品质，禄村曾专门举办车公历史文化研讨会。来自全国各地的数百名热心人士欢聚禄村，就车公历史文化进行了研讨。车氏族人广交天下客，容纳八方人的坦荡情怀得到充分展现。

齐到茂名『睇大戏』

茂名人喜欢看粤剧，把看粤剧称作“睇大戏”。茂名人对粤剧有着深厚的感情，那是一种发自内心的喜欢和热爱，无关乎外在的环境。

粤剧是广东省内一个主要的地方剧种，因而又称“广东大戏”，是一个古老而富于魅力的剧种，既可以演出整场大戏，也可以演出折子戏，还可以演出唱段。粤剧形成于明清时期，后来发展成茂名乡村城镇过节必不可少的剧种，并在广东、广西、台湾、香港和澳门等地流传开来，2006 年被列入第一批国家级非物质文化遗产名录，2009 年成为世界非物质文化遗产。

◎ 茂名人热爱粤剧

◎ 粤剧英雄令人神往

来茂名游玩，千万不要错过茂名的年例和粤剧。粤剧流传到茂名后，一直在茂名大地演得红红火火。从每年的春班演到秋班，几乎贯穿茂名人忙碌而又漫长的一年，也陪伴着茂名人整整一年。遇上民间重大的或喜庆的日子，当然更少不了粤剧表演，尤其在年例期，两广粤剧团几乎都汇集在茂名。每个乡村必然要上演几天粤剧，处处锣鼓喧天，曲韵悠扬。期间，村中老人妇孺，早早搬着小凳子去抢占位置，也有人呼朋引伴，按年例期逐个村子轮着“睇大戏”。

粤剧表演开始。舞台上那些身穿艳丽彩衣的女子都美得轻灵飘逸，动人心魄，一转身，抖落芳华，令人沉醉；那些俊俏小生，用一段绵长的腔调，只一个眼神，就直取女观众的芳心。

粤剧是茂名人永恒的故乡记忆。在广东，再没有其他任何一个地方，能够像茂名这样，将粤剧发扬得如此繁盛。在广东，再没有其他任何一个地方的人，像茂名人这样，爱粤剧爱得如此深沉和彻底。

每天，太阳的余晖刚褪尽，月亮还没升起来，茂名市区小东江永久桥头和春苑公园里，小喇叭都迫不及待地响起。戏迷的扬琴摆出来，高胡拉起来，笛子吹起来，粤曲唱起来，合奏起一曲独特的乐章。小东江温柔宁静的夜，因为粤曲变得热闹起来。粤剧有一种魔力，吸引着茂名人。到这里来的人，有刚下班吃完饭的工人，有退休的老人，有做完作业的小朋友，他们有时拉奏弹吹几下，有时咿呀高声唱几句，自发形成自己的粤剧团。

◎ 轻灵飘逸的女子

茂名爱看戏的人多，爱演戏的人也多。市区为民路红豆街深处，藏着一个演出团体——茂名市粤剧团。1959年，茂名建市，粤剧团与这个城市同时诞生，成为茂名市唯一一个地级市国有专业表演文艺团体。建团以来，茂名市粤剧团聚合茂名地区优秀粤剧表演艺术家，培养出多名国家一级、二级演员。当今粤剧名家黎振声就是在茂名市粤剧团起步，在广州扬名。茂名粤剧团的足迹遍布广东、广西城乡，多次受邀在香港、澳门登台演出。整团演员还曾远赴横店，协助古装戏拍摄。五十多年来，在茂名市粤剧团，先后涌现出一批粤剧表演艺术家：林玉梨、黄德明、苏妙芳、何勤、陈成东、朱伟基、梁华杰、林文华、廖影梅、李晓、温卫东、朱小兴、李世晓、李晓东……这些名字，为茂名几代戏迷所熟知，是不少茂名人的梦中情人。他们唱出人世间的浮华、喧嚣、热烈。他们利用粤剧舞台，编演出《潘茂名》《妃子笑》等优秀剧目，唱出茂名不朽的传说，唱出茂名人奋斗的历史，唱出茂名人的骄傲和正气！

◎ 传统粤剧剧目

◎ 英姿飒爽的女英雄

位于茂名市油城五路的茂名市影剧院，从 1989 年开始，每年都举办一场粤剧盛典——粤西（茂名）订戏会暨粤剧艺术节，近三十年从未间断。每年，有来自两广数十乃至上百个演出团体参与展演，为茂名市民送上丰盛的粤剧文化大餐。订戏会期间，往往一票难求。

在当今传媒发达的年代，电影、电视、网络流传广泛，几乎占领了人们的娱乐空间，一些地方剧种受时代潮流的冲击，逐渐淡出人们的视野。而茂名这个工业化的现代城市，却保留着传统文化的精华——茂名粤剧。茂名粤剧并没有随着烟火流年消失在时光深处，而是根深蒂固地扎根在茂名这块土地上，焕发出无与伦比的魅力，使茂名成为滋养粤剧艺术的温床。

一个茂名市，活跃着两广粤剧团，丰富了独具特色的岭南文化。

公馆镇

——茂名的起点

公馆镇曾是粤西老墟，龙江旧埠，茂名起点，历史悠久，文化源远流长。旧时公馆镇西有一座龙江桥，“南跨古龙门江，东达电（白）阳（江），西通廉（江）化（州），南及吴（川）梅（菉），北连镇（隆）信（宜），轮蹄福祉，攘往熙来，诚茂南孔道之一也”。如今旧桥已残缺不全，只剩厚实的护桥墩记载着历经风霜的历史。

公馆镇隶属茂名市茂南区，位于茂名市西郊，镇东部纳入茂名市城建规划区，是茂名市沿海经济开发区的工业卫星镇，下辖 22 个村委会和一个居委会，总面积 114 平方公里，人口六万多人。

◎ 公馆镇政府大楼

◎ 黄色的木棉花

公馆镇是茂名重要的交通枢纽，茂名第一个火车站“茂名站”建在公馆（现在已改为“茂名西站”）。公馆货台至今仍然是茂名吞吐量最大的货运站台，承载着茂名主要的铁路货物运输。

油城路是由西往东贯穿整个茂名市区的一条中轴线。油城一路的起点就在公馆，如同城市建设的起步，是从这里开始。茂名城市建设的历史篇章，公馆书写着浓墨重彩的一笔。

我能够想象当年这里的繁华，尽管它现在看起来显得有点落寞。时代的车轮滚滚向前，城市的纸醉金迷已经不再是它的特征，灰色的房子镌刻着历史的烙印，以前的建筑特色依稀可辨。这是公馆想告诉我们的：城市和人的一生，都会经历许多起伏曲折和高低回旋……

公馆镇创造了茂名的历史，公馆人也书写了茂名的历史。公馆镇政府办公楼的前面，有一口池塘，两棵古榕，一棵木棉。每次来到这里，人们目光都会被它们吸引。

记得第一次在这里看见黄色的木棉花烂漫地盛开，很是诧异。看惯了报春的红棉，这棵黄色的木棉令人眼前一亮，给人说不出的惊喜。

镇政府没有大院，没有围墙，把围墙砌起来会缩窄政府大楼前面的一条路。但即便没有那条路，如果围起来不能把那口池塘，那几棵树包揽进去，就太可惜了。

对于这个只有五十多年历史的城市来说，公馆算是一个老镇。这个小镇是我的故乡，被烙上“祖籍”这个不可磨灭的印记。父亲年少时离开小镇奔向当时比较繁盛的高州城，拉开了我与这个祖籍小镇的距离，令童年的我对小镇印象模糊。我的姑姑嫁到圩镇上，距离镇政府不过一百几十米。小时候我常到姑姑家玩，印象中，那条窄小的巷道，路两旁低矮而灰黑的房子，镇粮所那个半圆形的拱门，在当时显得相当气派。现在故地重游，镇粮所还是那个样子，拱门上的字迹已被岁月侵蚀得斑驳模糊。

记忆里没有那口池塘，没有那两棵婆娑的榕树，更没有那棵高大的木棉。不知道它们在那儿伫立了多久，也不知道它们有没有记录下这个小镇的沧桑。

◎ 街边小吃摊

◎ 碧绿幽深的池塘

◎ 喷香诱人的炒田螺

镇政府原是小镇的中心，不远处是集市，各式各样的商店餐馆小摊云集。这里圩日更是人流如织，一片人挤人、闹哄哄的景象。镇上的人们依旧沿袭着趁圩的传统，每逢圩日不辞辛苦从家中赶来，或买或卖。辛苦劳碌之后，在圩头各式小餐馆飘荡出的美味让人们饥饿难忍，于是在回家前吃碗热气腾腾的大锅狗，或啜一碟炒田螺，或来碗飘香的猪杂汤粉，便觉得满口留香，身心欢悦。

这样一个被工厂与铁路包围的地方，充斥着喧嚣与尘土，但这里是公馆镇百姓的生命落脚地，是他们生命与之相依相存而无法割离的地方。他们早已学会了接纳和宽容，仿佛故意忽略生活与环境给他们带来的不便，保留了厚实而传统的生活劲头和生活方式。这种坚韧的生命态度，让人佩服。

两棵榕树连成一片，像一个巨大的华盖。镇政府的车子总是停在榕树下，去镇政府办事的人也常常把车子停在榕树下。榕树旁边常有个小摊子，卖雪糕、饮料和口香糖等。口渴的路人和下课的学生经过，便会在那儿停留。小摊子的生意忙时少闲时多，守摊人能够时常去享受树荫下的悠然与清风。有时候去到镇政府，在树下等候坐车准备入村，偶尔会看到蝴蝶或蜻蜓翩然飞过，掠起生机盎然的意趣；榕树和木棉树的倒影映入墨绿色的池塘中，水中的树影和岸上的树枝都随风拂动。有时候连续在镇政府工作几天，坐在办公楼阳台上，看楼下小镇的人们来来往往，忙碌非常，听他们说着我从未说过却非常熟悉的乡音，清风拂过了眼前的榕树再吹到脸上，感觉十分亲切与舒适。

那一刻，我与故乡如此亲近。想起了故乡的亲人，我的内心充满柔情。

和谐美感：茂名文化广场

茂名文化广场位于油城八路，是茂名市占地面积最大、设施最完善的一个广场，是茂名人民精心打造的一个新型综合文化区域。

顾名思义，茂名文化广场就是茂名文化汇集之地。这里连接着茂名广播电视台、茂名日报社和茂名图书馆，还有电影院，在这里举行任何文化活动都有得天独厚的地理优势。文化广场有着独特的建筑和设计理念，在城市高楼的灰色森林中，努力使现代建筑和自然生态完美结合。广场的设计布局，就深深体现这一理念。如广场有演出舞台，有彩色喷泉，有小桥流水，有巨大的石头和休闲的石凳，当然更少不了花卉绿树青草地。广场的每一个角落都有一个不同的主题，但都体现出一种简洁、现代、休闲的特质，给人和谐的视觉美感和舒适感，让市民在紧张的都市生活节奏中体会休闲，使生活变得平衡。

◎ 独具一格的文化广场建筑

◎ 花团锦簇，充满浪漫氛围

这里是民间艺术爱好者的乐土。每天清晨，晨练的人聚集在这里跑步、跳舞、打太极。夜幕降临，兴致勃勃的人们散落在广场的角角落落，他们随着音乐欢快摇摆，广场舞在这里红红火火舞起来。星月升空，街灯柔媚，在这里散步，人也会变得特别温柔和轻盈。那些懂得享受生活温情和幸福的年轻人，会牵着手走在绿树小道上，欢乐的笑声渲染出青春的活力和温馨的气息，令文化广场充满浪漫的氛围。

每当重大节日来临，文化广场又会展现出另一番漂亮的景致。广场四周摆上鲜花盆景，让市民在生活中就能近距离感受大自然的美，搭建生活、艺术和自然的新情趣。

2017年新春，文化广场的迎春金鸡华丽亮相，令茂名市民十分惊艳。

巨大的“福”字被层层鲜花围绕，金鸡冠顶红色祥云，身穿七彩花衣，尾巴拖着长长的百花彩带，如凤凰傲立，昂首报春。留着八字胡子的文财神像，手捧金元宝，双眼笑成两弯新月，咧开嘴送祝福。

树梢上挂满一串串写着吉祥语的红灯笼，不同品种的各色花卉点缀着广场每一个角落，迎风飘来的香气熏染出浓浓的喜庆年味。

人们与自己的亲朋好友约定，携手并肩，来广场欣赏具有传统年味的美丽元素，融入这片新春喜庆的海洋，度过新年伊始最美好的时光。

茂名文化广场极富现代感和时代气息，已成为展示茂名市民精神面貌、文化艺术水平及和谐生活的重要窗口。广场一侧的图书馆，更是茂名文化的象征。

图书馆是市民获取文化知识的主要阵地，是茂名人的精神绿洲。这里书香弥漫，空间宽敞明亮。许多人喜欢在这里查资料、读书，享受一段宁静美好的时光。读累了，抬头就可以看到窗外的蓝天白云和绿树，就会忘却喧嚣，心会随之宁静。

茂名的文化带着冼太夫人时期延续下来的古风，爱好诗书和绘画艺术的人特别多，文化广场的图书馆里经常举办各种书画展。每到周末或者其他节假日，图书馆的一角，常常飘着墨香，书法家们在那里举行书法比赛或赠送书法作品活动。每到此时，就会有许多市民伫立围观，静看书法家们专注下笔，墨落纸上，那些字便都有了灵，有了魂。墨，饱含着书法家们的意，每一个字都是书法家们的形，是书法家们的神，是书法家们磨炼了一生，传承了千年的风骨。书法家们孜孜不倦，茂名书法在广东省颇有名气。

图书馆承担传播先进文化、普及公共文化的责任。2012 年 8 月起，图书馆每隔一周都会举办一场“茂名大讲堂”，免费对市民开放。全国各地卓著的艺术家、思想家、教育家，从四面八方聚集茂名，把自己的

◎ 徜徉在知识的海洋中

◎ 年轻人在文化广场运动

著作和思想与茂名市民分享。每一期主讲的嘉宾以生动的语言和图文并茂的方式，让茂名市民可以在这里共享周末文化大餐。

茂名人喜欢到文化广场走走，喜欢到图书馆坐坐，接受知识文化的洗礼。这种浓浓的文化内涵的美丽，更加令人赏心悦目。

茂名文化广场，茂名人不可或缺的灵魂栖息地。

怎么去

在市区可乘坐1路、3路、13路、18路、207路公交车抵达文化广场。

美丽动人的青年湖

青年湖，一个充满活力，令人神往的地方，位于距茂名市区约 15 公里的镇盛镇的西南角。

20 世纪 50 年代末，正值茂名市的始建时期，为了城市配套建设的需要，在原来镇盛人民公社那田大队建了一个人工湖。这个湖，取“青春、美丽、发展前景广阔”之寓意，故曰“青年湖”。

1959 年初，春寒料峭，建湖指挥部便来到那田大队，在那田圩临时办公。随后，大队干部向村民作搬迁动员。村民们沉浸在翻身做主人的喜悦之中，非常感激共产党，热爱新中国，很爽快地答应搬迁了。不久，村民们着手打泥砖，作搬迁准备；从镇盛公社各大队抽调来的民工也陆续进场，临时分散居住在那田圩和比邻的那田东村。此时，人们进进出出，一派欣欣向荣之景象。一些喜欢热闹的小孩，一边唱着“团团转，捉花莲。阿妈叫我睇龙船。龙船冇好睇，睇鸡仔。睇鸡仔大，捉去卖……”的儿歌，一边东瞧瞧、西看看，十分快乐。

◎ 在碧波荡漾的青年湖垂钓

青年湖主坝位于那田圩东南方约 1 公里的地方。此地有两座山，东面这座名为水捞坡岭，西面那座叫尖峰岭，两山均 30 多米高，相距不足 100 米，中间有一条小河经过。把小河拦截筑坝，是最佳的选择。

开始修建后，水捞坡岭和尖峰岭顿时堆满了工人。有青年，有壮年，还有 50 多岁的老年人。他们有的挖泥，有的挑土，也有的用手推车运泥。挖泥者在一锄一锄地掘进，运泥者在人群中穿梭。其中一位五十多岁的挑泥老人也干劲十足，他已经面红耳赤，但仍不示弱。他说：“人越老，骨头越硬，坚持到底，我一定会赢！”他的话语赢来一阵阵喝彩。喝彩

声与脚步声、车轮的“吱呀”声混合在一起，形成一曲动听的劳动交响曲。这时，有人唱起了山歌：“竹篙打水两边飞，哥我挖泥冇心机。皆因妹你离我去，妹在东来哥在西……”休息时，还有人仿《红楼梦》中的诗词吟打油诗一首：衔山抱水来建湖，多少工夫筑始成。造就人间佳景物，芳名应赐“青年湖”。一位大队文职人员还即席填词一阕《忆江南·修建青年湖》：修湖好，建设为人民。灌溉观光鱼更乐，春来湖水绿粼粼。

湖光峰影使人赏心悦目

能不永辞贫？繁忙而欢快的劳动场景，展现出一种独特的建设工地文化。

工程进展很顺利。到了 1959 年夏天，已完成总工程量的一半。然而，夏季雨量增多，湖水猛涨，眼看就要漫过坝顶。这时，指挥部紧急调来炸药，将要搬运的泥土炸松。工人们的脚步加快，“加油！”“一定要保住大坝！”他们的呼叫声此起彼伏，响彻云霄。在众人齐心协力的努力下，大坝保住了。到了年底，青年湖大坝终于筑成。

建成后的青年湖，集雨面积 9.6 平方公里，储水 672 万立方米，水深 16.2 米，是当时湛江地区九个大中型水库之一。作为一个人工建立的人文地理景观，除了有一泓秀丽的湖水，还有不少可塑性强的人文景点，青年湖的发展前景十分广阔。

◎ 绿水淙淙

◎ 湖边观景长廊

随着改革开放的进一步深入，市场经济取得一个个阶段性成果。人们的观念不断更新，谋发展、促发展、快发展、大发展、和谐发展的理念促使人们重新审视青年湖。人们对青年湖又有了新的认识，新的评估。

青年湖不仅象征着美丽，还象征着青春、发展前景广阔。青年湖远离喧闹、空气污浊的城市，山清水秀，有一定的基础设施，更拥有诸如“机梭出线”“金鸡水口凤凰啼”“鹰岭”“蛇鹰对峙”等一个个颇具神话色彩、可塑性强的人文景观。优美的自然环境不仅给人们带来了美的享受，还带旺了地方的第三产业，造福了本地的百姓。

◎ 雅致可人的湖边小筑

湖畔的果带也陆续投产，湖里一米多长、几十斤重的大鱼不时掀起浪花，青年湖再续开发利用的潜力也很大。可以说，青年湖是一个集旅游、休闲、种养于一体的“风水宝地”。有谁慧眼独到，把握现在良好的投资环境，借助“和谐发展、快速致富”的强劲东风，将聪明才智投放到青年湖的建设中，不仅造福你我他，还会为茂名的“创优”添上光彩的一笔。

小东江，养育一座城市

在茂名，有一条蜿蜒奔腾的河流养育着这片土地，那就是小东江。

小东江是鉴江流域的重要支流。它的源头在茂名市境内的高州，在峻岭之间奔流，穿过高山之后进入茂名市区中心，再流经高山西转，纵贯茂名市区及茂南区六个镇，全长 67 公里。

小东江两岸花红草绿，风光潋滟。一江碧水，万载流波，千百年来滋养着两岸生灵，护佑着人与自然的生态和谐与文明发展。

小东江历史文化积淀深厚，是茂名人心中的母亲河。

碧波荡漾，两岸一排排郁郁葱葱的树木，像守护小东江的哨兵。还有婀娜多姿的木棉花、凤凰花、龙船花、大红花、美人蕉装点着东西两岸。行走其间，满目碧波绿水，鸟语花香，人在道上走，宛在画中行。

◎ 江边花红草绿

◎ 望江亭

谁能想象这条温婉的河流，历史上曾经猛烈顽劣，汹涌横溢。小东江从海拔 900 米的根子浮山岭奔流 20 多公里来到茂名市区，水程短，落差大。遇上大暴雨若排涝不及时，两岸群众饱受洪水肆虐之苦。20 世纪 50 年代末，茂名建市之后，大修防洪堤治理小东江。从樟古到高山，到处红旗飘飘，人声鼎沸，热火朝天。热情高涨、干劲十足的建设者，沿着小东江河岸一字排开。工人、农民、学生、机关干部齐心协力，不分昼夜挑土方。当时缺乏机械，靠的就是最原始的工具——锄头、扁担、竹粪箕，迎难而上。一个月左右的时间，制约小东江水流的万年山被夷

◎ 江上龙舟竞渡

◎ 江心小岛

为平地，落差消除了，江面拓宽了，小东江从发怒的老虎变成温顺的小绵羊。

小东江在茂名人心中有着不可取代的地位，承载着茂名几代人的美好回忆。茂名市区以小东江为界，分为河东、河西两个片区。河西是茂名市的发祥地，是老茂名的中心；河东是 20 世纪 80 年代经济发展中心转移之后的城市中心。茂名的城市发展，正应验了一句老话——“三十年河东，三十年河西”。在现代文明日新月异的今天，小东江随着时代的车轮不断变迁。横跨小东江的大桥一座接一座建起：永久桥、官渡桥、竹园桥、高山桥、新圩桥……每一座桥，都是架于小东江之上的一道彩虹。

有水必有舟。小东江流经的村庄也不寂寞，江水曲流深敞，水中鱼肥虾壮，两岸村民农闲之余在江中捕鱼。时至今日，镇盛斜岭村中，还保留着小东江上最后一个古渡口，还有用纤绳牵引的过江渡船，引渡着南来北往的村民。在这里，可以找回最原始的生活方式和生活态度。

赛龙舟是端午节的重要习俗。小东江官渡桥至永久桥之间水流平缓，水面宽阔，是赛龙舟的绝佳水域。继 2008 年广东省龙舟邀请赛在小东江举行之后，2017 年 6 月，“好心茂名”龙舟邀请赛再度在这里举行。12 支劲旅全力备战参赛，参赛者们热情满满。一场令人瞩目的辉煌赛事在小东江上演。

鳌头镇一带的龙舟赛，除奋力争上游的比赛之外，还很注重赛后的“游龙舟”。参赛者们时而大声呐喊，发力划桨；时而慢拨水波，轻舟荡漾；时而靠近岸边，与观众互动，游戏龙舟就在这欢快的气氛中进行。他们以传统的游龙活动祈盼风调雨顺，国泰民安，群众安居乐业。

小东江的水孕育着茂名这座城市的灵气，优美的河道环境引来白鹭翱翔，呈现出“万顷湖天碧，一星飞鹭白”的美景。这种大美的景色，正彰显着茂名人热爱大自然的情怀，是人与大自然和谐发展的共赢。

小东江的夜，总是那样温柔多姿。

夜幕降临，小东江上的蓝天白云渐渐隐去，又开启另一篇抒情乐章。

十里滨水，万种风情。望不到尽头的霓虹沿着江边一直延伸，彩灯将楼宇的倒影清晰地印在江面。灯光旖旎，与夜色辉映，变幻着斑斓的情调，闪烁出一种缥缈迷幻、不可捉摸的美感，像诗一样醉人。江边有牵手散步的长者，有青春可爱的小情侣，温暖如画。音乐喷泉播放的时候引来市民的围观和欢呼，江边大排档飘荡出诱人的香味，简单的场景折射出这座城市的宁静和放松。

在江边泡一壶花茶，静看明月倒映在水上。清风徐来，一切安详。

非遗展示馆
带你穿越历史

◎ 舞龙

在茂名市区中心的幸福路，有一栋黄色的小楼，是茂名市非物质文化遗产展示馆所在地。

进入展示馆，一股厚重的历史气息扑面而来，让人感觉似乎一下子穿越到几百年前。

茂名有着悠久的历史，文化底蕴深厚，远在数千年前，就有先民在这里活动。在漫长的历史发展过程中，茂名先民创造了形式多样、丰富多彩的非物质文化遗产。这些非物质文化遗产承载着许多优秀的历史文化，以动态的方式流传于世。这些永恒的艺术是茂名历史见证的“活化石”，包含着茂名人特有的精神价值、文化意识、审美追求和艺术特色，体现着茂名这片土地上百姓的创造力和生命力。木偶戏、跳花棚、冼夫人信俗、年例、高脚狮、跳禾楼、飘色、缅茄雕、玉雕、木刻画……这些艺术在茂名扎下很深很深的根，开花结果，历经千百年依然璀璨。

◎ 威风凛凛的高脚狮

◎ 栩栩如生的木偶

馆内大厅中央，陈列着许多雕刻精美、服饰华丽的木偶。

木偶戏是一种精彩的民间老艺术。相传于明代万历年间传入茂名，至今已有四百多年的历史。

木偶戏民间称作做“鬼仔戏”， 是一朵独秀南粤的艺术奇葩。单人木偶戏更是一个人的艺术盛宴，一个人就可以演一台戏，集唱、做、念、打和奏乐于一身，出场就先声夺人，让人过目难忘，是一门融会了雕刻、服装、表演、剧本、音乐诸多元素的艺术，高超得让人心生敬畏。

民间舞蹈的道具，全部挂在墙壁上。壁灯照下来，这些道具仿佛穿过时光的隧道走到观众面前，展现出一种神秘的美。

茂名有许多民间舞蹈，其中以电白动物舞和化州傩舞最具代表性。这些舞蹈以动物、面具、牛角、斗笠、稻穗、沙刀作为道具，反映出农耕文化形成的生活习俗和宗教信仰，有一种神秘久远、古老深邃的况味。每到夏播结束和收获的季节，村人便唱歌跳舞，祈求风调雨顺、物阜民丰，或者祈求邂逅美好纯洁的爱情。它们既是一种信仰也是一个见证，见证这片土地上百姓的热情、乐观、勤劳、善良和倔强、勇敢。

展示馆的一角，摆放着供游人取阅的茂名文化书刊。翻开细读，可以了解到民间音乐亦是茂名市非物质文化遗产的重要部分，有山歌、冼太庙铜鼓音乐、采茶调、八音锣鼓……有些山歌用古俚语传唱，曲调多种，形式独特，分布地域广，有种缱绻回旋的绵长味道，从明代一直传唱至今。

冼夫人是茂名人民爱戴的巾帼英雄。1400 多年来，茂名人民对她的感情已由崇敬演变为信仰，而冼夫人已发展为茂名的一个重要文化品牌。2014 年，“冼夫人信俗”入选国家级非物质文化遗产代表性项目名录。

◎ 民间舞蹈道具

◎ 电白麒麟舞和双凤舞

冼夫人信俗是以崇奉和颂扬冼夫人的爱国、爱民、立德为核心，以冼太庙为主要活动场所，以庙会、习俗和传说故事等为表现形式的民俗文化。作为粤西地区最具影响力的保护神，冼夫人精神是该信俗的核心。冼夫人信俗已成为茂名重要的乡土民俗文化，人们对冼夫人的信仰、崇拜和纪念，已经深深地融入了数千万信众以及他们后裔的生活当中。祭祀冼夫人的祠庙广布于茂名的城镇和乡村，这些分布是冼夫人信仰情况的物质写照。

年例是广东省粤西地区一个独特的汉族传统民俗节日。关于茂名年例的起源，目前学术界还没有定论。有人说茂名年例起源于粤西人民对岭南圣母冼夫人的纪念活动，也有人说冼夫人文化融入了年例。在茂名，冼夫人信俗与年例已密不可分。

年例是融民间艺术、宗教信仰、文化娱乐为一体的汉族传统民俗盛会，倾注着汉族劳动人民的朴素情感，也表达了他们对美好生活的祈求。茂名人对年例有着极深的情结，年例节家家户户大摆宴席招待亲朋好友，对于前来游玩的游客，他们也热情款待。亲情浓郁，友情淳朴。每到年例节，这里都充满浓厚的地方风情和乡土气息。

茂名人杰地灵，能工巧匠居多，民间手工技艺项目也不少，玉雕、缅茄雕、角雕、版画、橘雕、陶瓷等工艺都非常精湛，艺术家们在这些特有的材料上面镌刻出流年岁月的光彩。

目前茂名市入选国家级非物质文化遗产名录有 3 项，省级名录有 15 项，市级 38 名录有项，县级目录有 68 项。项目涵盖了民间文学、民间音乐、民间舞蹈、传统戏剧、曲艺、杂技与竞技、民间美术、传统手工技艺、传统医药、民俗等 16 个门类 68 个种类。拥有国家级代表性传承人 2 人，省级传承人 17 人，市级传承人 27 人。这些传承人在传承文化遗产的过程中，长久守住清贫耐住寂寞，用自己毕生的执著与坚持，令这些艺术瑰宝得以流传，令人肃然起敬。茂名市非物质文化遗产展示馆为茂名本地的非遗传承人和民间艺人搭建了一个展示艺术的平台，为推动原生态非遗走向城市、走近大众作出贡献。建立展示馆也是为了让非遗传承融入百姓生活，在生产性保护与生活化保护的互动相融中，人人都成为非遗的传承人。

碧水蓝天，露天矿生态公园

2013 年，茂名的城市版图，多了一个亮丽的景点——露天矿生态公园。

露天矿在市区红旗北路的尽头。这个地方曾经“地上不长草，地下藏着宝”，无人知晓。露天矿带给当地人的唯一福利，就是没柴了去那里挑石头回来烧，孩子们嘴馋了在那里点燃石头烤红薯。六十多年前，“茂名的石头会燃烧”引起了关注，政府有关部门派出钻井队，开采出一片油页岩矿。

◎ 碧水蓝天

老茂名人对矿坑有一种深厚的情结。20 世纪 50 年代，中央决定在茂名筹建油页岩油厂的时候，选址就在露天矿。在低矮残旧的小楼前挂一块牌子，就成立了“茂名油页岩油厂筹建处”。在杂草疯长、满目荒凉的土地上搭的一个草棚，成为建设者的办公室与住所。支援茂名开采石油的建设大军从全国各地涌至茂名，开采工作如火如荼地开展。当时，大型施工设备运不进来，只能土法上马，勤劳善良的茂名人与来自全国各地的建设者一起，用锄头、簸箕加扁担，在广袤的田野上，上演了一出现代版的“愚公移山”。他们用最普通的扁担，加上自己有力的肩膀，挑出了一座油矿。

一座矿坑形成一池碧湖

在茂名市建设之初的激情燃烧岁月，这些建设大军代表着一种勇于承担、不怕牺牲、排除万难去争取胜利的精神。他们的坚强与贡献，是那个时代的符号。他们在茂名的大地上弯下自己的腰背辛勤劳作的剪影，永远留在茂名露天矿发展的历史上，永远留在茂名城市建设的历史上。

城市建设的发展，需要部分茂名农民迁出祖祖辈辈居住的地方。这些人无怨无悔地搬迁离开，生怕搬迁慢了影响国家工程的进度，他们相信自己的贡献和牺牲能换来更美好幸福的明天。

建设者用自己坚强有力的双手，挑起了茂名石化创业和城市建设的大梁，结束了“广东无油”的历史，点燃了缺油年代的希望之光，创造了茂名城市建设的辉煌。

在国家原油紧缺的年代，茂名露天矿的贡献不可磨灭。

◎ 水边青草蔓蔓

◎ 山花烂漫

六十年过去了，承载茂名悠久矿业文化、辉煌历史的露天矿历经风风雨雨之后，完成了辉煌的历史使命，回归昔日的宁静。裸露的矿坑，严肃，灰暗，成为城市的一道“伤疤”。2013 年，茂名市政府着手谋划露天矿的综合整治和建设生态公园工作，逐步形成“引水、种树、建馆、修路”的工作思路。裸露的大坑注满水之后成为一个水质清澈的七彩湖，湖边开满艳丽的三角梅，岸边是一片片相思树林。一个满目疮痍的露天矿成为一个风景迷人的生态公园，时代又赋予它新的历史使命。如今，沧海桑田，露天矿以全新的姿态，成为茂名城市的新名片。

◎ 意义深远的好心湖

露天矿从废弃矿山到秀山丽水的生态公园，完成了美丽的蜕变，成为茂名一道亮丽风景线。矿坑，这个昔日的城市“伤疤”，已经变成一个风景秀丽的碧湖。茂名人给这个亮丽的矿坑湖起了一个响亮易记又意义深远的名字——“好心湖”。

当前，茂名市正大力弘扬冼夫人的“唯用一好心”精神，全力打造“好心茂名”。茂名人以冼夫人为骄傲，将改造的矿坑命名为“好心湖”，既弘扬了冼夫人精神，又纪念了昔日为露天矿和茂名城市建设作出贡献的好心人，沟通历史与现实，有着特殊的内涵。

露天矿不会忘记，2016 年 12 月 24 日，茂名市第三届全民健身徒步节在这里举行。近万名徒步者身穿绿色运动服在湖边徒步，笑声和健康的气氛沸腾了整个露天矿。从此，全市人民都看到了它的美丽。此后，全国各地的摄影、绘画、书法爱好者和作家慕名而来。茂名参与全国首批“魅力城市”竞选，露天矿作为一张重要名片被隆重推出，在全国人民面前展现出独特的魅力。

一个决策改变了一片天地。尽管露天矿油页岩开采已经停止，但茂名石油工业的根脉仍在延续。露天矿创业传统已经沉淀为一种茂名独有的矿山文化，成为茂名石油文化的精髓，在茂名一代代传承下去。

中国罗非鱼之都

茂南大道有一座雕塑，一条巨大的罗非鱼随着飞扬的浪花凌空而起，取名“跃”。

它是茂名作为中国罗非鱼之都的标志。

◎ 罗非鱼雕塑——“跃”

这个雕塑既象征着茂名是全国最大的罗非鱼生产基地，又蕴含古传说中鱼跃龙门的美好寓意，表达对茂名经济腾飞、事业成功、生活吉祥如意的美好祝福，彰显着茂名科技兴农战略的丰硕成果。

蓝天下，雕塑腾飞跨越，蔚为壮观，罗非鱼形态富有动感，成为城市里一道亮丽的风景线。

茂南土地肥沃，资源丰富，依山临水，风景迷人，城乡市场广阔，名优产品众多。突出的自然资源和环境优势，孕育了独具地域特色的罗非鱼产业。从 20 世纪 50 年代末引进罗非鱼进行繁育、养殖，历经五十多年的风雨历程，茂名罗非鱼产业从无到有，从小到大，从故土难离到

◎ 罗非鱼丰收

◎ 捕捞罗非鱼

漂洋过海。伴随着滨海新茂名蓬勃发展，茂名罗非鱼产业深植于厚土，顺势而兴发。五十年磨一剑，今天茂名罗非鱼淡水养殖面积达 26 万亩，海水混养面积 3 万亩，年产量超 20 万吨，年出口量超 7 万吨，出口额超 2 亿美元；罗非鱼养殖产量和出口量均占全省的 1/3，占全国 1/9，销向全省各地，并远销广西、海南等地，还出口到多个国家，供不应求。茂名已成为全国最大的罗非鱼养殖优势区域和出口加工基地，是当之无愧的“中国罗非鱼之都”。

◎ 硕大的罗非鱼

一个产业的兴起离不开领军人物。

在茂南区公馆镇下垌茂化国道边，有一个非常大型的鱼苗场——茂名市伟业罗非鱼良种场，它是集现代化生产与高科技研究为一体的水产种苗繁育基地，是带动茂名罗非鱼“金三角”产业的核心基地。

该场由全国著名水产科学家、上海海洋大学（原上海水产大学）李思发教授（吉富罗非鱼之父），以及奥尼罗非鱼育种专家简伟业，珠江水产研究所、广东海洋大学的教授等一大批罗非鱼育种研究精英主办。也正是在该场的带动和影响下，茂名成为当之无愧的中国罗非鱼之都。

该场的创始人简伟业，自 1990 年踏入罗非鱼育种行业以来，就再也没有离开过。他的工作和生活，一直都是围绕着罗非鱼良种培育、品种改良运转。正因他在罗非鱼事业上的专心致志、孜孜不倦，鱼苗场才能从 200 亩池塘发展成 2750 亩的国家级良种场。

科技创新是企业的生命，更是企业立足市场、发展壮大的关键。为此，简伟业通过多方努力与业界名人上海海洋大学（原上海水产大学）的李思发教授进行合作，拥有一支经验丰富的专职选育团队。通过双方的通力合作，成功研发出我国首例多元杂交新品种——吉奥罗非鱼。吉奥罗非鱼具有雄性率高、抗寒耐热能力强、生长速度快且生长整齐等优点，并且加工出肉率高，易捕捞，肉质香甜而口感爽滑。

吉奥罗非鱼的问世，是我国多元杂交罗非鱼技术的又一新突破，2015 年经国家原良种评审委员会共同鉴定为国家最新优良品种，弥补了我国罗非鱼多元杂交技术的空白。2016 年再经国家鉴定委员会鉴定该成果总体水平为国内先进，部分成果国际先进。该品种同时获得“国家发明专利”和“优秀发明专利奖”，并竞选为广东省十大名牌产品之一（是种苗业唯一一家）。简伟业也在 2017 年被农业部评为中国水产杰出贡献专家。可以说，他人生的大半时光都献给了这条鱼。曾有报道这样说简伟业，“一辈子，只为这一条鱼”。也正是他的心无旁骛，让茂名罗非鱼品牌在全国乃至世界上熠熠生辉。

伟业罗非鱼良种场采用“公司＋农户”模式，制定了一系列的养殖规程及育种标准，以龙头带动产业，一边抓好品种改良和生产，一边为养殖户提供优质种苗及养殖技术，与饲料厂、罗非鱼加工厂联合提供饲料并进行成品回收，促使罗非鱼生产成为一个较为完整的产业链。为促使茂名成为中国罗非鱼之都、全球最大罗非鱼产业基地，打造世界著名品牌作出巨大贡献。

Tips:罗非鱼

罗非鱼俗名南洋鲫、非洲鲫、福寿鱼，外形、个体大小类似鲫鱼，原产自非洲。我国主要养殖的品种有尼罗罗非鱼、奥利亚罗非鱼、莫桑比克罗非鱼及其各种组合的杂交后代等。罗非鱼的肉味鲜美，肉质细嫩，以红烧、清蒸味道最好。2010年1月，茂名市被中国水产流通与加工协会授予“中国罗非鱼之都”称号。

官地村武术，扬名海内外

位于茂南区鳌头镇西南袂花江边的官地村，历代都有习武的传统。自 20 世纪 70 年代末至今，官地人在参加省级以上级别的武术大赛中，共获得 53 个武术冠军，其中黄庚、黄良、黄森三兄弟均为拳王。在黄庚三兄弟以及其他武术前辈教诲下，官地武术新人辈出，成绩卓著。

◎ 官地村历代有习武的传统

黄国琚桃李满天下

黄国琚（1918—2003 年），粤西地区武术界著名拳师。6 岁开始拜师学艺，跟随官地村黄刘步师傅练习“洪家拳”。10 岁拜林振高为师。1931 年，恰遇粤西洪拳大师黄庆龙到鳌头地区行医授武，黄国琚诚恳拜师，跟他学医习武。黄国琚天资聪颖，勤奋好学，“少林一百零八对拳”和“龙、蛇、虎、豹、鹤”五形拳及“龙形十字”“真形猴”等拳种和各种器械样样学得熟稔，深得黄庆龙赏识。黄庆龙将洪拳不传之秘“七星瓦煲仔鹤拳”传授给黄国琚，黄国琚勤学苦练，尽得精髓。

◎ 黄师傅在教拳术

◎ 认真练武的孩子

1948年，鳌头“庆武堂”（黄国琚是创始人之一）被邀请到梅菉贺年例，同时受邀的还有广东各地十几个武馆的醒狮队。当时，有一个大户人家在15米高处悬挂了一个1000块大洋的包裹，让来贺年例的醒狮队上去“采青”。十几家武馆的醒狮队相顾无奈，“望赏兴叹”。有人邀请鳌头“庆武堂”醒狮队上去取赏，黄国琚于是组织了一队人，让他们手持藤排，用藤排搭成一个梯形。他用“七星瓦煲仔鹤拳”的轻功，顺着藤排轻松地上到最高处采青取赏。采青完毕，黄国琚还在顶层表演了一套鹤形拳。当时有十几支醒狮队一千多人驻足观看，观众纷纷鼓掌称赞。1954年，黄国琚获邀代表粤西地区武术界参加“全国民间国技馆精英比赛”，获得了最高奖项“优秀奖”。

◎ 稳扎马步

黄国琚擅长拳术、五行点穴、过剑门及大石碎顶、金枪刺喉等硬气功，精于跌打医学，曾经在广西和湛江地区的吴川及茂名等地开馆授徒，弟子数千人。他的不少弟子在省市乃至全国的比赛中获奖，有的还成为大学教授。1980—1982 年，黄国琚亲自带领徒弟黄庚、吴松坚代表茂名市参加湛江地区武术比赛，连续三届获得最高奖项。20 世纪 80 年代以来，黄国琚门下有三十多名弟子曾多次参加全国、省、市的武术比赛，均获得前三的好成绩。在黄国琚的悉心培养下，他的爱徒黄庚、黄任、黄良、黄森、黄帝全、黄康森、吴松坚成为第二代拳师。他们的弟子多次参加全省武术比赛，共获得金牌 82 枚、银牌 50 枚、铜牌 38 枚、金杯奖 2 个。

“板凳王”出访日本

1986年，官地村的黄帝全考上广州体育学院，毕业后分配到华南理工大学任教，2004年被评为副教授。

黄帝全自幼在官地习武，第一个启蒙老师是大师黄国丰，读小学、中学期间，一直师从大教头黄庚、黄良等。1987年，黄帝全参加全国体育学院比赛获得荣誉。1989年，黄帝全参加全省武术比赛，获得南拳、传统长器械、传统短器械三项冠军。他还代表中国武术代表团出访日本，获得优胜奖，为国争光，被人称为“板凳王”。据了解，板凳项目起源于广东，人们平时坐的板凳，携带方便，一拿起来就能搏击，有人演练得出神入化，最终被列为武术项目。

甘当幕后英雄

官地村的黄康森8岁开始习武，1989年考入广州体育学院武术专业。毕业时他本来有机会留校任教，但他毅然放弃了这次宝贵机会。当时适逢香港电视广播有限公司到广州招武术艺员，和他一起报名应聘的有500多人。黄康森和另外9人，实力过硬，一路过关斩将，被选到香港当武术艺员，即当主角的替身。在《西游记》（香港广播电视有限公司，1996年）、《封神榜》（香港广播电视有限公司，2001年），以及《破坏之王》（周星驰主演，1994年）、《南拳北腿》（樊少皇主演，1995年）、《黄飞鸿之铁胆梁宽》（李克勤主演，1994年）等电视、电影中，他都做过重要角色的武打替身。黄康森说，一场戏拍下来，非常辛苦，但也收获丰富，拍戏过程中和这些明星混得很熟。观众当然只记得台前风光的主角，他笑称自己是“幕后英雄”。

◎ 武术老师在教基本功

据统计，作为著名的武术之乡，官地村至今已出了 53 个省级以上武术冠军、46 个省级以上亚军，还有 8 人考上广州体育学院。官地武术扬名海内外，武术名师黄庚三兄弟以及其他武术前辈功不可没。

白土朱与白土三杰

◎ 朱也赤雕塑

在茂名提起朱氏，必然会想到金塘镇白土，“白土朱”是茂名当地一个很有名望的姓氏。“白土”是茂名朱氏聚族而居的一个重要标记，朱氏祖先自明朝中叶迁居于茂名，至今已有500多年的历史，子孙散布在茂南、高州等地。每年清明，“白土朱”族人祭拜金凤山“犀牛望月”的始祖，声势浩大。

白土历代朱氏族人勤耕苦读，功名迭出，父子登科，兄弟同榜，叔侄及第的佳话不断，一直是诗书世家。今高州城区（过去的茂名县城）内，过去曾有朱氏为方便族人学子读书赴考而建的书院“朱家馆”，可惜几年前已被拆除。

白土朱氏人才辈出，近代杰出的人物有高雷名士朱振基、民主斗士朱耀权、革命先烈朱也赤，他们被后人称为“白土三杰”。

朱振基，清末举人，茂名著名的书法家。他创办了茂南地区第一所小学——肇南小学，开启民智，传播民主思想。正是他创办的肇南小学，培养出朱也赤、朱耀权这样的杰出人物。肇南小学后来也成为革命的摇篮，作为地下党开展革命活动的重要据点。

朱耀权，本是一个农技人员，跟随父亲朱筱藩创办“明德农场”，种植良种蔗而获得较好的经济收益。抗日战争爆发后，他积极参与抗日救亡活动，为抗战筹款筹粮。1945 年，因支持张炎将军抗日起义而受株连，朱耀权被国民党当局杀害，成为被族人敬仰的民主斗士。

朱也赤，原名朝柱，又名克哲。粤西最早的中共领导人和农民运动领导之一。在艰苦的革命生涯中，奠定粤西农民运动的基础，揭开了中国共产党领导的广东南部革命武装斗争的历史篇章。

朱也赤早年曾就读于高州中学、广东高等师范学校、广东医药专门学校。在青年时期就开始阅读进步书籍，关心国家民族的前途，追求进步光明的思想，积极投身革命活动。读中学时期，他就在寒假期间把进步书籍带回家乡，组织知心的同学、朋友一起阅读，向他们宣传马克思主义革命理论。他自制幻灯片，用小型幻灯机放映，向农民宣传社会主义和阶级斗争理论。农民们扶老携幼前来观看，大家都非常喜欢这个“上大学回来后专替穷人说话”的朱也赤。

1922 年，朱朝柱在广州读广东高等师范学校，被任课教授谭平山介绍加入中国共产党，并改名为“也赤”。

也赤，一个火热的名字里，蕴含着一颗赤诚的心。

◎ 朱也赤碑

◎ 朱也赤烈士之墓

1925年，朱也赤回高州主持革命工作，领导白土乡农会掀起轰轰烈烈的国民革命运动，把朱氏二世祖祠作为乡农民协会会址，点燃革命的星星之火。他们发展了一批先进分子加入中国共产党，并成立了中共茂名县支部，朱也赤担任书记。南路农运领导人黄学增、钟竹筠也到白土村开展农运，清理贪官劣绅，兴修农田水利，兴办平民义学，废除盲婚、缠足等陋习，破除封建迷信，开展妇女解放运动，唤醒民众的革命觉悟，在白土播下了革命的种子。第一次国共合作期间，朱也赤被派返高州工作，以个人身份加入了国民党。期间，他以共产党、国民党、农民协会三方面领导人身份，领导全县革命工作，大力兴办农会，开展农民运动，打击封建势力。他还组织学生运动，向学生们讲述革命道理，辅导其学习进步书报。

1927年冬，为配合广州起义，打击和牵制敌人，朱也赤到信宜怀乡与中共信宜县委一起，组织了震动南路的怀乡暴动，起义武装编为国民革命军南路警备部，由朱也赤任司令。1928年春，朱也赤回广州湾，在南路特委机关工作，经常在特委的刊物《血潮》《镰刀》《南路农民》上发表文章，宣传革命道理和揭发反动派的罪行，并到各地检查指导工作。是年12月，国民党反动派勾结法国殖民当局，对南路共产党进行疯狂镇压，由于叛徒出卖，特委机关惨遭破坏，朱也赤在西营（霞山）被捕后被押解回高州。

在狱中，朱也赤经受严刑拷打，始终坚贞不屈。这个戴着眼镜、文质彬彬的书生，有着摧不残的坚强意志，压不垮的铮铮铁骨。他把革命豪情与赤子之心写在诗篇中：

一

愁云惨雾罩南粤，志士成仁飞赤血。

浩气长存宇宙间，耿耿赤心悬明月。

二

为主义牺牲，为工农死节。

不负天地生，无污父母血。

何呜咽！何呜咽！

壮哉十六再回头，碎破山河待建设。

◎ 朱也赤纪念亭

◎ 朱也赤故居

这些诗篇由到监狱探望他的战友带了出来，广泛流传，后来收入萧三主编的《革命烈士诗钞续编》（中国青年出版社，1982 年）。1929 年 12 月 23 日，朱也赤在高州东门岭刑场壮烈就义。白土新村栖凤岭长埋着英雄忠骨。在国家民政部、财政部支持下，白土村重修了朱也赤墓园，墓园内已有烈士雕像、烈士纪念亭、烈士纪念碑，增建了朱也赤纪念馆。茂名县人民政府旧址亦已修复，布展了图片文物。

现在的白土村风景秀丽，绿水环绕，山水田园错落有致。白土朱氏宗亲成立了朱熹文化研究会，修建了朱氏宗祠，弘扬朱熹家训文化，发动宗亲捐资成立白土朱氏宗亲奖学基金会，对宗族优秀学子进行奖学。迓谷岭朱仁中先生多年来致力于茂名地志、人物、民俗风情研究，出版了《人杰地灵话茂名》（南方日报出版社，2010 年）一书，书中搜集了茂名地志历史与产生过重要影响的人物，描述了丰富的史实与现状，清晰、深刻地展示出茂名本土文化，为茂名地域文化的挖掘、探索与研究作出重大的贡献。

工艺大师张振坤

茂南区鳌头镇禾步村家家户户都有建筑艺人，他们的足迹几乎遍及广东、全国乃至世界各地。不少有名的建筑、雕塑、彩绘及锅炉都有他们的参与。禾步村委会沙路塘村的张振坤，日砌红砖 3000 块，雕塑、彩绘和造锅炉的高超技艺名噪一时。他还到过北京参加人民大会堂建设。作为工艺名师，张振坤在茂名的建筑文化历史上留下浓墨重彩的一笔。

◎ 匠心独运的泥塑

◎ 雕龙刻凤的武帝宫

崛起于建筑名村

从明朝起，禾步村梁氏一族便开始从事建筑行业。村中成年男性特别是梁氏一族均以干手工活为生。他们建房造屋，修建宫廷桥梁，建造亭台楼阁、花轩水榭，样样皆能。他们在建筑物上雕龙刻凤，描花画草，塑造飞禽走兽，活灵活现，栩栩如生，令人叹为观止。在这样的环境熏陶下，张振坤从小对建筑技艺就产生了浓厚的兴趣，立志从事建筑行业。

声震粤西建筑界

张振坤 1913 年生于建筑世家，父亲张广汧的建筑技艺相当了得。张振坤从 15 岁起便跟随父亲做建筑工作。他根据父亲的安排，有时砌砖，有时雕塑或彩绘。张振坤特别钟情雕塑和彩绘，一边工作一边细心探索，同时认真收集生活素材。到出师时，他已经能够独当一面，被认为 “弟子胜于师傅，儿子胜父三分”。

几年时间，他的足迹遍及茂名、高州、电白、化州、湛江等地。随着建筑、雕塑、彩绘等工作的逐步开展，1944 年，他开始建造锅炉。此前，张振坤已在新会建造过公庙，做过雕塑、彩绘工作，众人目睹其作品工艺之精湛，声名鹊起。当年，张振坤正在新会做泥塑工艺，恰遇相邻的江门造纸厂从德国进口一台锅炉缸体设备。因炉体的耐火砖缝隙以

◎ 精湛的屋檐建筑艺术

及四周垂直度之误差要求严苛，技术含量非常高，只有极少数人掌握这门技术，一时之间没法找到会建造的人。后来经人查访，了解到新会有位叫张振坤的技艺高手，便介绍其前往建造。建造顺利进行，张振坤获得巨大成功，一举成名。1953 年，湛江糖厂要建造锅炉，因在湛江市是第一座，承建单位湛江八建为做好这项工作，事前开动员会号召工人向技术颇高的司徒牧学习。完工后开总结会，则号召工人向张振坤学习，可见其技艺之精湛。

经过几番磨炼，张振坤的工艺技术达到了炉火纯青的程度，其技术和名字连在一起，已誉满建筑界，声震粤西。

◎ 张师傅的工作器具

赴京献技

1953年，湛江市建和平影院（后改名为东风影院），要做“白鸽”“狮子”“毛主席像”等灰雕，但一直找不到合适的人选。经人介绍，张振坤接下这项工作。他不负众望，巧夺天工的技艺令人赞叹。随后，他被当时的广东省四建（现为广东省八建）吸纳为正式工人。到了广东省四建，他如鱼得水，有更多的机会参加大建筑、名建筑的建设。1958年对张振坤而言是不平凡的一年。当时建设人民大会堂，需要网罗全国的能工巧匠参与，广东省四建挑选三人赴京，张振坤便是其中之一。

张振坤的儿子张一忠回忆，从1958年10月到1959年9月，父亲参加建设人民大会堂约历时一年。到京后，要通过“全国工艺应聘大会”的挑选才能进入人民大会堂的工地。张振坤不仅顺利以优异的成绩通过遴选，他所负责的浮雕还荣获二等奖，受到党和国家领导人的亲切接见。

张振坤参与建设的较有标志性的建筑或雕塑，不胜枚举。据张一忠回忆，“文化大革命”初期，已懂事的他跟随父亲在湛江麻斜海军部队，参加建设以钢筋、水泥为材料的革命领导雕塑。“文化大革命”中期，父亲到湛江市委大楼至湛江南站道路两旁修建“葵花”“语录牌”等雕塑。1979年至1980年，张振坤在湖光岩风景区的尼姑庵、半山亭等建筑做“武松打虎”“仙鹤”等雕塑群……当年的《湛江日报》对张振坤精湛的建筑雕塑技艺曾作过专题报道。

传承与发扬

退休后的几年间，张振坤一边带徒弟，一边继续做雕塑等工作。据张振坤的徒弟梁南华说，张振坤聪明过人，不仅懂建筑，还会打铁、雕

◎ 张师傅的作品

刻木偶头像等，真可谓“百艺藏身”。同时，张振坤正直、心地善良，善于教导后辈，又乐于助人。他非常敬重村中老人，关心穷人，常常接济他们。张振坤常对徒弟说，技艺不能因循守旧，既要传承，又要有所创新。他还强调，庙宇祠堂的雕塑与彩绘不能离开“二十四孝”，因为雕塑在注重美的同时，还要注重中华民族传统美德的传承。

目前，张振坤的徒弟梁南华和梁飞赞得到师傅技艺的真传，名声在外。张振坤的两个儿子则继承了父亲造锅炉的技术，均学有所成，技术高超，饮誉锅炉建造行业。次子张一忠的足迹遍及广东阳江、茂名、雷州半岛，广西贵港、玉林、北海、南宁等地，参与建造维修的锅炉五六百座。长子张江更是“造”出了国门，定居新西兰。

茂名硬笔书法
美名扬

2016 年 6 月 25 日，广东省硬笔书法名城授牌仪式暨系列硬笔书法活动开幕式在茂名市图书馆热烈举行。茂名市硬笔书法工作者、爱好者 300 多人参加了开幕式，全国著名硬笔书法名家及茂名本土书法名家在这里闪亮登场。他们用硬笔书写出的荣耀，照亮了茂名六月的天空。

第二天，茂名各大新闻传媒都争先报道活动盛况。这是一场茂名的文化盛事，也是一场全国书法界的盛事，是茂名市文学艺术界的重要成果。硬笔书法是茂名独具特色的城市名片之一，彰显着茂名的城市文化气息和魅力，体现了茂名人民对传统文化艺术的不懈追求。

“硬笔书法名城”，茂名成为广东省内首个获此殊荣的城市。

◎ 青少年在电子时代仍钟情书写

◎ 认真书写的女子

在电子信息时代的今天，书写距离我们越来越远。然而，总有那么一些人，在传统文化艺术上一直坚守，不改初心，使一些传统艺术得以传承发扬，并且熠熠生辉。

中国书法艺术是中华五千年优秀文化的结晶，是一门具有深刻文化内涵和严格法度的博大精深的艺术。物质文化发展到一定程度时，人们就会注重文化修养，注重书法艺术。硬笔书法是书法艺术百花园中一朵灿烂的奇葩，硬笔书法的艺术性主要是通过线条与结构的变化表现出书写者对书法艺术的认识和感受，它追求的是美感、情感、趣味、意境、个性。茂名市爱好硬笔书法的人非常多，从 20 世纪 80 年代庞中华掀起的“写漂漂亮亮中国字，做堂堂正正中国人”硬笔书法热开始，一直以来都有硬笔书法活动。硬笔书法爱好者们在电子时代毅然坚守初心，把时间与精力献给了热爱的书法。

茂名硬笔书法艺术在全国有较大影响，涌现出一批杰出书法家和优秀作品。硬笔书法协会有会员近 400 人，先后 10 余次组织硬笔书法爱好者参加各种硬笔书法教育和创作交流活动。成年会员在全国性硬笔书法大赛中作品入展、获奖的有 100 多人次，青少年会员超过 400 人次在全国性硬笔书法大赛中作品入展、获奖。

茂名市硬笔书法家协会女子分会成立之后，成为联系女性书法爱好者的桥梁。女子分会为女性书法人才成长提供舞台，让她们多创作传递正能量的文化作品，开展适合女性特点的文化活动，丰富女性业余文化生活。

喜人的成绩离不开硬笔书法协会的辛勤耕耘，更离不开茂名这片文化氛围浓郁的热土。

◎ 握笔正，写字正

◎ 孩子在写钢笔字

茂名市文联、市硬笔书法家协会组织了大型的硬笔书法培训班，硬笔书法大赛、展览以及出版多种版本的硬笔书法集，全市数以千计的硬笔书法作品获得省级、国家级大奖。目前，茂名硬笔书法家协会实现基层建会全覆盖，是广东省首个实现全覆盖的地级市，是中国第一个成立硬笔书法家协会女子分会的地级市，全市各级硬笔书法家协会会员队伍发展壮大到 1300 多人；电白汉山学校是广东省第一个获“中国硬笔书法名校”的民办学校，全市建立了各级硬笔书法教育基地 20 多个。

自古以来，掌握中国书法艺术除了天分之外，还要靠勤学苦练以及名师带领。为了让更多的人练好硬笔书法，硬笔书协成立了公益培训活动讲师团，举办硬笔书法公益讲座，让墨香遍布全市城乡。广东石油化工学院、茂名武警支队、明湖商场、信宜玉都广场、化州大坡小学等 30 多个单位，留下了硬笔书法人深入基层进行硬笔书法教育培训和推广工

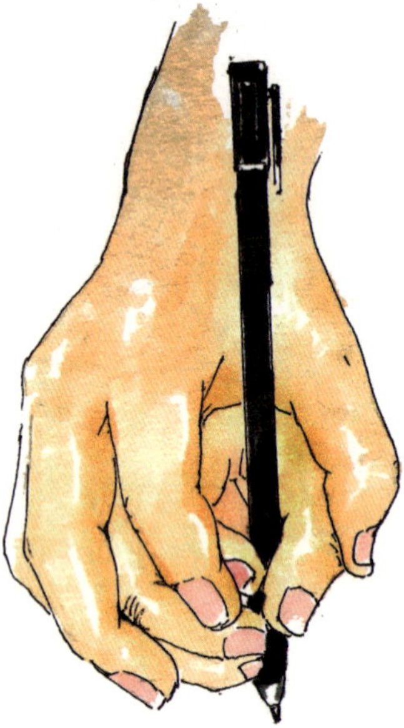

◎ 手把手教学

作的身影，成为文艺志愿服务的亮点。硬笔书法公益培训活动讲师团成员结合自己学硬笔的经历进行分享，讲授“快乐硬笔”课，一改过去“填鸭式”的教学方法，以现场实操的方法，实行硬笔现场授课和演绎，实现了现场速成硬笔书写和即学即会的效果。推动了茂名市硬笔书法发展，掀起了全市人民学硬笔、写硬笔热潮。协会还坚持每年组织、参与送春联下乡活动，自觉参与公益慈善募捐活动，在社会上引起良好的反响。

活跃文坛的茂名才女

用“文学才女”来称呼活跃在茂名文坛上的这群女性，恰到好处。这些在不同岗位做着不同工作的女性，都在文学这个相同的位置上，以自己的才华和对文学的热爱与执著，丰盈着自己的生命，点亮了她们的人生和茂名文坛的风景。

晓音，四川西昌市人，毕业于北京大学作家班。她有很高的诗歌天赋，写出大量优秀诗作，曾是四川省作家协会巴金文学院、广东省作家协会青年文学院合同制作家，已出版诗集《巫女》《祈祷书》，长篇小说《蒂红》《家巢》《乡关何处》《遭遇疼痛》《长河落日》，专著《茂名文学史纲》。1988 年，晓音创办了中国当代诗歌史上首个女性诗歌社团刊物《女子诗报》，一问世即对诗坛产生强烈震动。南迁茂名后，2002 年晓音将《女子诗报》改版为女性优秀诗歌年度选本《女子诗报年鉴》，到 2016 年连续出版了 13 卷，使茂名成为中国当代女性诗歌的重镇。

◎ 热爱文学的女子

◎《女子诗报年鉴》

晓音还邀请了当代诗坛一大批优秀女诗人，如王小妮、赵丽华、施玮（美国）、紫鹃、颜艾琳等，与茂名女诗人交流分享。2003 年，晓音创立了全国首个地级市的网络文学阵地“茂名作家网”，给茂名作家提供了一个发表作品和交流思想的平台，展示了茂名作家的群体优势和创作实力，使本土作家的作品走出茂名，走向世界。2015 年，晓音带领茂名作协 18 位作家重走滇西抗战路，出版了作品集《粤望滇西》，在海峡两岸引起一定反响，多次被茂名市政府作为礼物赠送给台湾同胞。

吴菡是一位清新脱俗的诗人，也是一位砥砺前行的文化传承者。在她身上，有豪情，有坚守，更有一颗永不停息的追寻梦想的心。她在工作之余写下三十多万字的文学作品，发表于《读者》《作品》《青年文摘》《小小说选刊》等刊物，诗作《红麦穗》收入《五十年花地精品选》。晓音评价说，吴菡的诗短小，文字优美，语言干净利落，有节制的抒情让她的诗歌如月光下的小夜曲般不经意间便触碰到读者的内心深处，引起共鸣。

◎ 沉浸在书的海洋中

邓悦蓝主要创作诗歌和散文作品。其诗作散见于《诗刊》《星星》《诗选刊》《作品》《中国诗人》《中国诗歌》《诗林》《新世纪诗典》等省级、国家级刊物。她的诗歌语言干净、朴素、灵动，深入生活与生命，不动声色地抒写生命的重与轻、痛与爱。出版了诗集《小白菊开了》、散文集《时间是用来安静的》。

蓝蓓，本名张亚培。她写诗，认为心中有爱，诗歌就不会苍白。她的诗集《一舟花语，随梦流》《眉心舞影》写得缓慢、抒情、寂寞、忧伤。读她的诗，眼前仿佛有一舟的花，在梦里一瓣一瓣轻缓地飘下，有一种开到荼靡的美丽。她先后在《青海湖》《诗选刊》《诗潮》《散文诗》《中国诗歌》《中国文学》《中国诗人》《诗词报》等国内刊物发表了大量作品。

◎ 伏笔写作的才女

◎ 捧一本书细细品读

苏好，笔名苏铁苏铁，著有童话故事《猫咪奥奥历险记》、儿童小说《神奇小伙伴系列》（全三册）。工作之余，笔耕不辍，散文、评论、小说、童谣作品散见《茂名晚报》《茂名日报》《语文月刊》《广东教学》《红蜻蜓》等报刊。

钟日娟，笔名紫陌幻、高曼芸。她是一位中学语文高级教师，在工作之余坚持写作，近年创作了100多万字的小说、散文、诗歌等。先后出版了长篇小说《我在婚姻里等情人》《岁月轻狂》。她的短篇小说、散文、随笔、诗歌陆续在《未来》《莲花山》《茂名晚报》《茂名文苑》等报刊杂志发表。代表作有长篇小说《我在婚姻里等情人》、短篇小说《恶魔与天使》、散文集《怀念老屋》。

伍碧群，笔名风信。她对文学有种痴心的热爱，席慕蓉、三毛、汪国真、郑愁予这些作家和诗人深深地影响着她。在她的诗歌、散文里随处可以看见他们的影子。她个性率直，写作时总是将自己的真挚、热情以及女性的细腻温柔艺术地糅合在字里行间，出版有散文集《星星在树梢起舞》。

此外，还有李咏梅、林锦瑛、徐海霞、李泽津、吴奕、徐红、陈艺平、朱琳、郭逸竹、吴嘉枫、朱小珍等一大批文学女子活跃在茂名的文学沃土。回眸一望，她们一直坚守的这块阵地上，那一串串或深或浅的足迹，是如此的坚实。茂名女作家十分活跃，笔耕不倦，新作不断，汇成了茂名文坛一股强大的新生力量。她们彼此欣赏，相互影响，共同进步，也为《茂名日报》《茂名晚报》《茂名文苑》等本地报刊提供了丰富而优质的作品。

黑人老作家玛雅·安吉罗则曾称赞丹奇："摇了一摇文学之树，掉下来的果实将长期滋养着读者。"茂名文学女子努力栽培的这棵"文学之树"，正延伸着根系的深度，增长着树干的高度，拓宽着树冠的宽度，成为一道迷人的文学风景。

Tips:《女子诗报年鉴》

2002年由《女子诗报》改版而来，为一年一度的女性诗歌选本，主编晓音，宗旨在于"女人写、女人编"。在互联网建立了以中国首家女性诗歌刊物《女子诗报年鉴》为依托的女性诗歌主题论坛——"女子诗报论坛"。论坛汇集了全国各地的女诗人，以其"民间性、先锋性、包容性"为中国当代女性诗歌的创作提供了一个完整而全面的聚集地，同时也为诗歌评论界提供了权威的女性诗歌文本。